Wako's Room

Enjoy the little things every day!

Wako

光文社

≡ *Prologue* ≡

何でもない
日常こそかけがえのない宝物。

この本は
"毎日をちょっと楽しく・ちょっと幸せに"する
アイデアノートです

「毎日をちょっと楽しく・ちょっと幸せに」。

私の人生にこのテーマが生まれたのがいつだったかはっきりとは思い出せないのですが、それはきっと10代のころ。

手元にあるものに工夫を凝らして遊んでいた幼少期、

自分の世界を確立したくて早く社会に出ようと早めの卒業を決めた高校生活、

子ども達は本当に可愛いものの、子育てと仕事に追われた20〜30代。

そんな時間の中で、「どうすれば自分も毎日を楽しみながら、家族や周りの人を幸せにできるか?」を

考え続けた末に、毎日をワクワク過ごすためのテクニックとして、

自己洗脳、自己暗示のように私のコンセプトになったのだと思います。

少し進化を遂げた後、さらに加わったテーマは、「旅するように暮らし、暮らすように旅する」。

(これは家の快適さを旅先に持っていくというワザ。いつか詳しく語らせてください。)

旅先で朝目覚めた瞬間ってワクワクしますよね? ならば家でもワクワクしたらいいじゃない!?と、

毎朝のベッドメーキングを習慣にし、キャンドルを灯す、花を飾るetc. 詳細は本編でご紹介させていただきますが、

つまりは「自分のために、自分を喜ばせることをする!」ということ(笑)。

すると不思議なことに、私が幸せだと周りも幸せにできるし、私が心地いい空間は家族やゲストにとっても気持ちがいいようです。

日常を非日常に "ちょっと" だけ変えてあげること。それがWako's Worldへ踏み出すポイントなのかもしれません。

現在、41歳の私ですが、長男21歳、長女15歳、次女13歳と、

同世代の方と比べると少し早めのスピードで人生を過ごしてきたと思います。

(今は「どうやったら素敵な老後を過ごせるか」を一生懸命考えています。)

若いときはもっと尖っていただろうし(笑)、カッコつけたいあまりダメなところも認めたくなかったし、

楽をすることは悪いことと思っていましたが、41歳になった今、声を大にして言えます。

「いいんです! まずは自分自身を最優先して!」。

花の飾り方も人生も「こうじゃなくちゃいけない!」ことはひとつもありません。

まずは自分が楽しいことから始めてみてください。一気にすべてを変えるのは無理というもの。

私自身、20年以上、"ちょっと" "ちょっと" と集めたものや頑張ったことが積み重なって

今のWako's Worldができたのですから。

その証拠に20年前に購入したキャンドルホルダーも未だにリビングに飾ってあります。

この本が、毎日 "ちょっと" 楽しむことを "ちょっと" ずつ始めていただくきっかけになったら嬉しいです。

Enjoy the little things every day!

Wako

INDEX

6:00

Morning Routine & Breakfast

_1_

朝の儀式と朝食

起きた瞬間から寝る準備!?（笑）
自分のためのベッドメーキングが1日のスタートの儀式

リモートワーク中心で基本的に家にいる私は、1日を通じて何度も寝室を通りかかります。だからベッドがキレイに整えられていると気分がイイ♪ 起きた瞬間からベッドメーキングに勤しむ理由はここにあります。空間を占める割合が大きいベッドはディスプレイの重要な一要素ですし、ベッドがキレイだと周りもきちんと片付けようという気になります。

人は人生の3分の1は睡眠に充てていると言われ、あるデータによると90歳まで生きた場合、何と約25万時間にもなるそう！ 夜、キレイなベッドに寝るのは極上の幸せ♡ 自分の家だけどホテルにいるかのように自分をもてなしたいから、毎朝リネンスプレーを使ってベッドリネンのシワを伸ばし、寝る前にはピロースプレーで自分を心地よい眠りに誘います。

フランスの有名な調香師さんにお願いして作っていただいたオリジナルリネンスプレーを愛用しています。私のトレードカラー、白をイメージした香りで、老若男女問わず使いやすいよう清潔感にこだわりました。カーテンやタオルにも使えます。

シリアルやフルーツetc.
何でもない朝食がサマになるのは
1枚のカフェトレイのお陰

朝はとにかく忙しい。朝食を可愛く演出したいけど、面倒なことはしたくない。それに応えてくれるのがこのカフェトレイです。フルーツ、ジュース、シリアル、ごはんにおみおつけにお漬物……何でもない朝食セットがキレイに収まるサイズ感で、シャビーシックな雰囲気は洋食器とも和食器とも好相性。この1枚でサーブする側も食べる側もちょっと楽しい気分になれます。トレイの上で食べればテーブルが汚れることもなく、器の片付けはトレイごと下げるだけ。子ども達に各々やってもらえるから私もラクです。何より気に入っているのは、「ここが私の陣地」とプライベートスペースが明確になること。だから朝食に限らず、お客様にお茶を出すシーンなどでも大活躍してくれます。

Ｓサイズ20cm×20cm、Ｌサイズ20cm×32cmの2種類。のせる器のサイズや数で使い分けます。お客様にも対応できるよう10枚ずつストック。毎日何度も使うので、取り出しやすいよう立てて収納しています。

7:00

Making Lunch

2

お弁当作り

Have a
happy lunch!
mom

「子ども達を喜ばせたい」と
「私の負担を軽く」の
バランスを取ってくれるのは名脇役

登校時間が早い子の母は、お弁当作りがあるからもっと早起き。朝から下ごしら
えはしたくない、そしてできることならお弁当作りを楽しみたい。これらを叶え
てくれるのが"名脇役"達です。ひとつはガラスのキャニスター。中身が見え
るのでお弁当作りが手早くできるのが利点。冷蔵庫に収納した様子もキレイで、
朝から気分がアガります。

もうひとつはリボンやシール、ラッピングペーパーなどのグッズ。どうというこ
とのないおむすびやサンドウィッチも、シールを貼ったり、麻紐やラフィアなど
で結ぶだけで開けるのが楽しくなります。また使い捨て容器もデリっぽくなって
特別感がUP。エコの観点からはごめんなさい！という感じですが、衛生面では
優れているのでたまに活用します。

Daily
Lunch box variation

凝ったお弁当を作っていた時期もありましたが、あるとき時間が経っても美味しいのはシンプルなものだと気づいて以来、二色丼や親子丼などが増えました。時間が経つと味が染みて美味しくなるんですよね（笑）。熱々、冷え冷えで食べられるスープジャー弁当も人気。

Special

Picnic,

School event,

etc...

ピクニックや運動会では普段のおかずに数種類のまぜごはんおむすびを作ることが多いです。我が家でのロケ弁には、忙しい合間にひと口で食べられる小丼がしばしば登場。お腹の空き具合に合わせておかわりできるよう、スモールポーションでたくさん準備します。

8:00

Cleaning Method

_3_
いつも片付いた家の作り方

Kitchen

片付けの極意は
「モノにはすべて帰る場所＝家がある」。
特に水回りは毎日リセット!

この本にも何度も登場するように、私の人生の極意は、「毎日をちょっと楽しく・ちょっと幸せに」。この「ちょっと」は掃除にも通じます。中でもキッチンやバスルームといった水回りは毎日リセットが必要な場所。使ったら片付け、常にキレイな状態に戻すことを習慣化すれば、大掃除は必要なくなるはず。楽しいことも掃除も、「ちょっと」を積み重ねることで心地よい空間や暮らしが手に入るのです。

キッチンは主婦が長い時間を過ごす場所だから快適な場所にしたい。だから見える収納にもこだわっています。いちばんのお気に入りはこのスパイスケースの壁!(笑)“帰る場所”はここだし、減りや劣化も一目瞭然。取り出しやすいので料理も楽しくなりました。

←容器のサイズや色がさまざまな市販のスパイス類は、引き出しや棚にしまい込むと使い忘れて無駄
にしてしまうことも。このクリア容器に移し替えたところ、インテリアとしても優秀！ さらに
Wako's Roomオリジナルシールは何度も書き直せるから便利です。

Pantry

モノの出入りが激しいからざっくり収納。
どこに何があるか自分がわかっていればOK

パントリーは我が家の中でも私がとりわけ大好きな場所。モノがごちゃごちゃあるので自分ではこのスペースを「我が家のカオス」と呼んでいます（笑）。ありがたいことに、「Wakoさんの家はいつもキレイ」と褒めていただくこともあるのですが、キレイな状態が保てているのはこのバックヤードの存在も大きいと思います。誰に見せる場所でもないので、パントリーの収納スタイルは"ざっくり収納"。「乾物」「カード」というようにカテゴリー分けし、箱や引き出しに入れているだけ。いろいろなモノの出入りが激しいので、あまりきちきちしまう必要はないと思っています（もちろんときには整理しますが）。「これはここにある」と私だけが把握している空間です。

Closet

ショップディスプレイ感覚で色ごとに収納。
着る色が絞られ、相乗効果でキレイを維持

クローゼットは私にとってはショップ（笑）。お店のディスプレイ感覚で全力で
キレイにします。洋服はさまざまな色や素材があり、クローゼットの中がまだら
な印象になって汚く見えがち。この問題は色別にまとめると解決します。
色を統一すると見た目がいいことに気づいて以来、収納のためではありませんが、
年間を通じて白やベージュを好んで着るようになりました。つまり余計な色を買
わなくなり、同時に何を買うべきか明確になったため、買い物にかける時間や労
力もぐっと減りました。まさにクローゼットとワードローブの相互作用（笑）。
我が家のクローゼットに感化され、キレイを維持しているという声もちょこちょ
こ耳にする今日このごろ。ぜひお試しあれ！

Powder Room

生活感が出やすい分、あえて“夢の世界”に。
歯ブラシや化粧品は目に触れないよう収納

「毎日使うところだからこそ、自分が気持ちよく使うために“夢の世界”にしたい」
というのがパウダールームのコンセプト。造り付けの洗面台を選ばず、あえてア
ンティークの木製ドレッサーをくり抜いて洗面ボウルを取り付けました。生活感
を排除するために、歯ブラシは引き出しにしまう、化粧品は棚に並べてしまう、
置いていいものは花、キャンドル、ハンドソープ、タオルだけ、というルールを
徹底。さらに、パウダールームに限りませんが、水回りで使うもの──キッチ
ンなら洗剤類、バスルームならシャンプー類──は同ブランド、同シリーズで
パッケージを統一するとキレイです。アンティーク家具の天板に水飛沫が飛ぶの
は気になりますが、これも夢の世界のため！です（笑）。

Entrance

"家の顔"だから常に気持ちよく!
香り、キャンドル、花は欠かさず、靴は都度収納

玄関に必須の3点セットは、香り、キャンドル、花。家の入り口を常に気持ちよく保つよう、これらは欠かしません。もうひとつ大切なポイントは、靴は脱いだらその都度しまうこと。そうすれば玄関は汚れにくくなりますし、聞いた話によると、風水的にも靴を出しっ放しにしておくのはよくないそうで……。帰宅してバッグやランドセルをそのまま玄関に放置、というのも我が家ではありえません(「モノにはすべて帰る場所=家がある」から!)。

フックは2種類、玄関に取り付けました。ひとつは皆がすぐに使えるように鍵用フック。これで鍵が迷子になることはありません。もうひとつはお客様のコートをかけるためのフック。身軽に家の中にお迎えするためのささやかな工夫です。

Seri's Room

Rise's Room

Kid's Room

実は私の子ども時代の憧れを実現した空間。
娘達には「"床はゴミ箱"の掟」を徹底

娘達も成長し、今の子ども部屋ではちょっと幼いかも、と密かに思っているのですが……。それもそのはず、子ども部屋は私の昔の憧れを実現した空間だから。とはいえ、娘達と相談しながら、それぞれ好きな色を取り入れるなど、本人の意見も尊重しています（笑）。

娘達が子ども部屋をキレイに保っているのは鉄の掟、「床はゴミ箱」のお陰。床に落ちているものはゴミ袋に入れ、「○時になったら捨てるね」と最後通牒を突きつける。これで娘達は自主的に片付けられるようになりました。私自身も受け継いだこの掟のルーツは祖母。「足を置くところにモノを置いたらバチが当たる。モノを大切にしなさい」という昔の人らしい教えに今も感謝しています。

「1日2時間掃除」がルーティン。
そんな私を助けてくれる&アガる時短掃除アイテム

「一日中、掃除してるね」とは私の友人の言。朝、子ども達を送り出した後、ま
ずキッチンをリセット。掃除機をかけたらブラーバ®で床拭き、同時並行で洗濯
機を回し、日によって冷蔵庫やパントリーなど気になったところを整理します。
テレワークの合間にもちょこちょこ片付け……。そんなわけでトータルすると1
日2時間以上は片付け&掃除をしています。
まるで私が掃除好きのように聞こえるかもしれませんが、そうではありません！
億劫な掃除をいかにスムーズに行うか。突き詰めて行き着いたのが全掃除アイテ
ムをバスケットにまとめ、持ち運びながら家中を掃除して回るスタイル。さらに
見た目にも体にも優しいFER À CHEVALの洗剤がお供だから、「ちょっと楽し
く・ちょっと幸せ」な気分で頑張れるんです。

FER À CHEVALとの出会いはバカンスで訪れた南仏。デザインが可愛い、汚れがよく落ちる、天然成分、続けられる価格、と私には理
想のブランド。床からファブリックまで使えるマルチクリーナー、水回り用のライムスケールリムーバー、希釈して使うフロアークリーナ
ー、頑固な汚れが落ちるブラックソープのほか、食器洗剤類もFER À CHEVALを愛用しています。

犬が嗅ぎ回る姿に似ていることからあだ名は"くんくん"。床の水拭きの労を劇的に減らしてくれる頼れる相棒です。

"掃除機をかける時間"は設けず、気づいたときにかけたいので掃除機はコードレスがマストの条件。

洗剤にアロマオイルを垂らして週に1回、床をモップ掛け。殺菌作用が期待でき、部屋もいい香りに。

掃除機同様、我が家のインテリアに馴染んでくれる白いスポンジ。IKEAと無印良品を愛用中。

マグネシウムの力で汚れを落とすという画期的な"洗剤じゃない洗剤"「マグちゃん」は地球にも優しい。

9:00

Interior Decoration

_4_

"映える"インテリア・デコレーション

花も小物もテーブルセッティングもすべてが映える、
キャンドルがなくちゃ始まらない!

「Wakoさんのインテリアに最も欠かせないものは?」と聞かれたら、「キャンドル!」と即答します。キャンドルの魅力との出会いはシアトルに留学していたころ。日本では見たこともない可愛いキャンドルに魅入られ思わず買ってしまった20歳の私は、当初もったいなくて火が点けられませんでした。あるとき意を決して火を灯したところ……広がる香りと炎の揺らめきが下宿部屋を夢の空間に一変させてしまったんです。

かつては香りつきや大きなキャンドルをよく使っていましたが、今では使い方も進化を遂げ、香りより灯りに癒されることを重視し、香りつきはひとつで十分、使い捨てできて取り扱いがラクな小さなティーライトキャンドル×キャンドルホルダーがメインです。

置き場所に困ってベランダに設置した棚にはキャンドルホルダーや花瓶を収納しています。

小さい、香りがない、ホルダーで光の表情が変わる。
食卓にはティーライトキャンドル!

ティーライトキャンドルの利点は、そのまま捨てられて取り扱いが簡単なこと、小さいのでスペースを取らないこと、キャンドルホルダーでさまざまに表情を変えられること、手ごろな価格、そして無臭なので料理の邪魔をしないこと。
飾るときは季節の花や洋書などを組み合わせれば無限にバリエーションが広がります。トレイやボードなどにのせるとまとまりが出るので初心者にはオススメです。食卓ではひとりひとつずつティーライトキャンドル×キャンドルホルダーを置くもよし、ランダムに卓上に並べてもよし、お皿やケーキスタンドにまとめればインパクトがUPします。

火を点けずに本物の雰囲気。
火がちょっと心配な場所やバルコニーではルミナラが活躍

　ルミナラはキャンドル型LEDライト。小さなお子さんがいるお宅や、火を置けない場所でも使える優れものです。我が家ではバスルームやテラスでの食事でも大活躍！ 最近のフェイクキャンドルは驚くほど進化していて、光の揺らめきはまるで本物。我が家を訪れるゲストは、どれがリアルなキャンドルでどれがフェイクか見分けがつかないようです（笑）。

　ただでさえ本物のキャンドルのようなルミナラですが、より本物っぽく使うには目線が遠いところに置くこと。我が家ではキッチンの高い棚に置いています。ON／OFFが大変……かと思いきや、何とリモコンで操作できるんです！ ほかには本物のキャンドル、花やグリーンを組み合わせてディスプレイするのもオススメです。

10 : 00

Working Time

_5_

ワーケーションのように働くコツ

イニシャルシリーズはホワイト、グレージュ、ピンク、ネイビーなどカラバリ豊富。アルファベットは26文字から好きな文字が選べます。

「好きなものに囲まれる」が第一条件。
バッグの中を同じ色で統一するだけで効果絶大

インテリアやクローゼットにおいて、色を統一することが心地よさのコツなら、それはバッグの中身も同じ。気分がアガればモチベーションもUP! ひいては仕事の効率も上がるというものです。テレワークが多い私ですが、テーブルに仕事道具を並べた風景だって、お気に入りのカラーで揃っていればやっぱり気分がイイ♪ 私は自分のブランドのイニシャルシリーズを愛用していて、お財布からスマホケース、カードケース、手帳、AirPodsケース、車のキーケース、ガジェット類や小物の収納に使っているBOXケースまで同じ色で揃えています。何ならこれらを入れるバッグも同シリーズ（笑）。仕事だからこそ、「毎日をちょっと楽しく・ちょっと幸せに」のモットーを大切にしています。

イニシャルシリーズとは別
に、出張や旅行ではイニシ
ャルピンでカスタマイズで
きる4サイズのトラベルポ
ーチも活躍。

仕事で煮詰まったときの読書は至福のひととき。
集中して現実逃避すると頭スッキリ!

子どものころから読書は大好き。大人になってからは、仕事に追われているとき
ほど大好き(苦笑)。これって現実逃避なのでしょうか? ともあれ、頭が煮えた
ぎっているときに時間を決めて集中して読書をすると、なぜかスッキリします。
読書している間だけは途切れなくメッセージが入るスマホから離れているのもい
いのかもしれませんね。
束の間のリセットタイムには一杯のお茶が欠かせません。私は幸福茶園のお茶を
愛飲していて、気分によってリラックスブレンド、リフレッシュブレンド、キー
プバランスブレンドの3種類を飲み分けています。私がよく飲むのはリラックス
ブレンド。読書とお茶の鎮静効果の相乗作用で、もうひと踏ん張りしよう!とい
う気が湧いてくるんです。

リラックスブレンドにはカモミールやラベンダーが入っていて、寝
る前に飲むのもオススメ。ミントの香りが爽やかなリフレッシュブ
レンドは朝、起き抜けにもぴったり。キープバランスブレンドには
セント・ジョーンズ・ワートが配合されていて心が元気になります。

ひとりランチ@homeは胃と地球に優しい
サスティナブル・ポタージュスープが定番

ポタージュスープが我が家の定番になったきっかけは冷蔵庫の残り野菜。しんなりしてしまったり、
形が不揃いな野菜をごちゃ混ぜに煮てブレンダーをかけたら、美味しいスープができてびっくり！
試行錯誤を繰り返し、野菜の色を統一すると見た目にも美味しくできることを発見。
ご自分なりにさまざまな組み合わせを試してみてください♪

Potage soup-1

白のクリームポタージュスープ

●材料（4〜6人分）

A ［ ・水……1l
　 ・茅乃舎 野菜だし……1パック
・カリフラワー……1株
・ホワイトアスパラガス……3本
・かぶ……3個
・酒……50ml
・生クリーム……100ml

・バター……50g
・顆粒鶏ガラスープ、
　白だし……各小さじ1
・塩……小さじ½を基本に適量
・オリーブオイル、
　カイエンペッパー……適宜

●作り方

① Aを鍋に入れて沸騰させ、数分煮立たせる。
② 適当なサイズに切った野菜と酒を入れ、野菜がくたくたになるまで煮る。
③ 野菜がとろとろになったらだしパックを取り出し、ブレンダーでポタージュ状になるまで滑らかにする。
④ 生クリーム、バター、顆粒鶏ガラスープ、白だしを入れ、最後に塩で調味。
⑤ 器に盛り、オリーブオイルを少し垂らしてカイエンペッパーを振る。

＊白い野菜の組み合わせはお好みでいろいろ試してみてください。

茅乃舎のだしは天然素材でパック仕様と、安心で手軽なところが気に入っています。特に野菜だしはコクがありコンソメ代わりにも多用しています。

Potage soup-2

緑のエスニックポタージュスープ

●材料（4〜6人分）

A
- ・水……1l
- ・茅乃舎 野菜だし……1パック

- ・ブロッコリー……1株
- ・コリアンダー……30g
- ・ルコラ……120g
- ・酒……50ml

B
- ・クミンパウダー……小さじ1½
- ・コリアンダーシードパウダー……小さじ½
- ・白だし、顆粒鶏ガラスープ……各小さじ1

- ・塩……小さじ½を基本に適量
- ・生クリーム、オリーブオイル、
  カイエンペッパー……各適宜

●作り方

① Aを鍋に入れて沸騰させ、数分煮立たせる。

② 適当なサイズに切った野菜と酒を入れ、野菜がくたくたになるまで煮る。

③ 野菜がとろとろになったらだしパックを取り出し、ブレンダーでポタージュ状になるまで滑らかにする。

④ Bを入れ、最後に塩で調味。

⑤ 器に盛り、生クリーム、オリーブオイル、もしくはどちらかを少し垂らしてカイエンペッパーを振る。

＊ドロドロになりすぎた場合は、生クリーム、豆乳、ココナッツウォーター、ココナッツミルクなどを追加しても美味。その際は味付けを調整してください。チーズをトッピングしても美味しい。

Potage soup-3

赤のスパイシーポタージュスープ

●材料（4〜6人分）

A ［ ・水……750ml
　　・茅乃舎 野菜だし……1パック
・ビーツ……2〜3個
※ビーツの水煮缶詰1缶でもOK。
・玉ねぎ……1個
・じゃがいも……3個
・生姜……1片
・酒……50ml

B ［ ・ココナッツウォーター……300ml
　　・白だし、顆粒コンソメ……各小さじ1
・塩……小さじ½を基本に適量
・オリーブオイル、カイエンペッパー
　……各適宜

●作り方

① Aを鍋に入れて沸騰させ、数分煮立たせる。
② 適当なサイズに切った野菜と酒を入れ、野菜がクタクタに
　なるまで煮る。
③ 野菜がとろとろになったらだしパックを取り出し、ブレン
　ダーでポタージュ状になるまで滑らかにする。
④ Bを入れ、最後に塩で調味。
⑤ 器に盛り、オリーブオイルを少し垂らしてカイエンペッパ
　ーを振る。

＊コクが欲しい場合は隠し味でバターを20〜30g入れても。
ココナッツウォーターの代わりに豆乳を使ってもキレイなピン
ク色になります。ビーツさえ入れれば赤いスープになるので、
ブロッコリーなどとの組み合わせも美味しい。

15 : 0 0

Shopping

_6_

買い物にかごが重宝するワケ

自立する、たっぷり入る、形を選ばず入れやすい！
かごは最高に便利なエコバッグ

「かごを持ってスーパーへお買い物」というと、昭和の主婦を思い浮かべる方もいるかもしれません。が、侮ることなかれ、令和の今もかごはやっぱり優秀！潰れる心配のあるフルーツや野菜、割れる恐れのある卵などの食材を守ってくれるし、底がフラットだから何と言っても詰めやすい。布製のエコバッグと違い自立してくれるところも便利です。

ショッピングバッグ以外にも、ピクニック、ギフト、洗濯し終えたものを各部屋に運ぶとき、瓶類などのゴミ捨てなどあらゆるシーンで活躍してくれるかごですが、唯一の難点は嵩張るところ。だから収納場所は冷蔵庫や棚の上がオススメです。形違い、大きさ違いで持っていると便利なので、ぜひ数種類揃えてみてください。

生活のありとあらゆるシーンで活躍してくれるマルチなかご。
我が家の使い方あれこれ

[at Picnic]

ピクニックで

かごにサンドウィッチやワインを詰め込んでピクニック！は小さいころからの憧れ
でしたが、大人になった今はリアルに実践しています。運動会や遠足でも活躍。

[for Gift wrapping]

ギフトラッピングとして

かごにギフトや花束、メッセージカードを入れてそのまま渡してプレゼント。
贈られた側にも再利用していただけるので一石二鳥です（笑）。

[*as Laundry box*]

洗濯し終えたものを運ぶ

洗濯して畳み終えたものは、かごに入れて各部屋に運びます。逆に洗濯予定の
布巾などはキッチン隅のかごを仮置き場として入れておきます。

[*as Storage box*]

スロー入れとして

肌寒い季節に必要なスローは大きなかごに入れてリビングに。数カ月にわたっ
て置いておいても、かごなら視覚的にも可愛い。

18:00

Dinner

_7_

家族が好きな晩ごはん

食材そのものの味を楽しむのが好き。
究極的には塩&オリーブオイル
さえあればいい!

2013年、地方にプチ移住したときのこと。私達の住まいの管理人さんが育てている無農薬野菜をいただいたことをきっかけに、野菜の美味しさに目覚めました。美味しい野菜は調理せず、塩とオリーブオイルで食べるのがいちばん美味しい!という結論に至り、いろいろ試した結果、塩はカマルグ、オリーブオイルはアルドイノ社とドメーヌ・ド・ラ・ヴェルネードを愛用しています。カマルグの塩はマイルドで素材の繊細な風味に寄り添ってくれます。オリーブオイルは、アルドイノ社のものはフルーティ、塩と同じカマルグ産のドメーヌ・ド・ラ・ヴェルネードは軽くフレッシュな味わいが特徴。今では野菜以外も塩とオリーブオイル、もしくはどちらかで楽しんでいます。

ランチョンマット&ナプキン、そしてもちろんキャンドルは必須。ティッシュペーパーを探すゲストがたまにいますが、普段の晩ごはんでも口を拭うのにティッシュペーパーを使うことは我が家ではありえません(笑)。

「ポン酢の爽やかな風味
×オリーブオイルのコクが美味しい」
Olive oil

「オリーブオイルのフルーティな
風味が意外なアクセントに」
Salt & Olive oil

「溶け切らない塩のカリッとした食感が
楽しい卵かけごはん!」
Salt

我が家のTKG（卵かけごはん）はちょっと変わってい
るのですが、家族だけでなくゲストからもリクエストを
いただくほど好評（笑）。卵に白だし少々と塩を入れて
軽く混ぜてからごはんを投入し、器の中心にお箸を立て
卵がふわふわに泡立つように混ぜます。最後に醤油を垂
らして完成! 醤油は混ぜず、スプーンで卵ごはんと一
緒にすくい上げながら食べるのがポイントです。

「シンプルな旨味をそれぞれに
発揮しながら相乗効果な美味」
Salt & Olive oil

ジュリスカのグラスは、大親友のCynthiaが毎年クリスマスと私のバースデーに贈り続けてくれている大切なコレクション。私のお店で取り扱うことになったのも何かのご縁かもしれません。

グラスを変えれば気分が変わる、
味わいも変わる!
デイリーワインを楽しむ魔法テク

ひと晩で1本は飲み切らないので、ワインを空けると数日間は同じものを飲み続けることになります。味の変化が醍醐味の高級ワインと違い、私の晩酌のお供は手ごろなワイン。そんなデイリーワインを飽きずに楽しむ方法があるんです。それはグラスを変えること! 何でもないお惣菜が器次第で立派な一品に見えるように、ワインもグラスによって味わい、香り、風味、そしてそれを楽しむ気持ちが変わります。

最近のいちばんのお気に入りはぼってりとしたガラスの装飾が美しいジュリスカのもの。決して安いグラスではありませんが、ワインがリーズナブルな分、何度も使えるグラスに投資するという楽しみ方もありではないでしょうか?

ステムのないグラスは倒して割るリスクが少ないし安定感があるうえ、洗うときもあまり気を使わなくてもいいのが主婦としては嬉しい（笑）。

ウェッジウッドのグラス。シンプルなデザインは料理のジャンルを選ばず、この円筒に近いシャープなラインは和のテーブルにもしっくりきます。

いわゆるオーセンティックなグラスたち。ワインを最高の状態で楽しむために作られた伝統に裏打ちされているだけに、口当たりといい完璧！

旅や出張先のホテルでの"ひとりワイン時間"は唯一無二の楽しみ♡ 可愛くて手ごろなグラスを現地調達することもしばしばあり、こんなに増えてしまいました（笑）。

何はなくともまずサラダ！
子ども達のごはんのお供&
私の酒肴になる一品が人気上位に

我が家の定番と言えば何をおいてもまずはサラダ！ 女子3人暮らしでそれほど
たくさん食べるわけではないので、チキンやハムを追加してボリュームを出した
サラダを食べて終わりという日もあるくらい。私はワインと、子ども達はごはん
と食べて美味しいもので人気が一致しました（笑）。

Salad

Everydayサラダ

我が家には作り置きのドレッシングがありません。オイルや調味料を直接、野菜にかけて混ぜて完成！
基本の味付けはそのままに、トッピングを変えてちょっとアレンジすると毎日変わった味を楽しめます♪

●材料（4人分）

- サニーレタス……1束
- オリーブオイル……大さじ4
- 白だし……小さじ1½
- 米酢……小さじ3
- 塩……適量 ※2つまみ程度。
- 胡椒……適宜

【 我が家のお気に入りの組み合わせ例 】
- ルコラとたこ（時期によっては小柱）
- セロリ、ベルギーチコリ、クレソン、ハム
- 春菊、コリアンダー、カシューナッツ

●作り方

① レタスは少し小さめのひと口大にちぎりボウルに入れる。
② オリーブオイル、白だし、米酢の順番に野菜に直接回しかける。
③ 塩で調味し、好みで胡椒をかける。

＊ハム、ササミハム、たこ、小柱、マッシュルーム、ナッツなどをトッピングしたり、サニーレタスの代わりにクレソン、コリアンダー、ルコラ、セロリ、ベルギーチコリ、大葉などを組み合わせるとさまざまな味が楽しめます。
我が家では冷蔵庫に残っている野菜を使うことが多いのですが、たまにすっごい天才的な組み合わせに出会うと子ども達にめっちゃ褒められます（笑）。

Pasta

明太子パスタ

このレシピは私が小さいときに母から教わり、
以来、アレンジすることもあるもののずっと我が家の定番です。
明太子が無駄にボウルにくっつくのがイヤでこの方法になりました(笑)。

●材料（1人分）

・パスタ……100g

A ┌ 明太子（薄皮を取る）……20g
 │ バター……25g
 └ 白だし‥小さじ½〜 ※好みで調整してください。

●作り方

①パスタはたっぷりの湯に塩（分量外）を入れ、表示の茹で時間より数分長めに茹でる。

②予めパスタ皿にAを入れておく。茹で上がったパスタを投入し、皿の中で混ぜる。

＊マーガリンではなくバターを使うこと！ 私はよつ葉バターが好きです。明太子パスタはアルデンテではなく、もっちり茹で過ぎくらいが美味。最後にお好みで大葉の千切り、刻み海苔、胡椒などをプラスしてもいいですが、プレーンが大好きな我が家です♪

Side dish

おつまみチャンプルー

昔から家にある材料なら何でも炒めてしまう私ですが、
中でもゴーヤーチャンプルーは大好き！島豆腐が手に入りにくかったり、
豆腐の水を切ったりと意外と手間がかかるので、もっと手に入りやすい材料で簡単に
作れる我が家のおつまみチャンプルーをご紹介。
子ども達にはおかずにもお弁当の一品にもなるし、大人には辛いソースをかけて
お酒のおつまみにもなるので家族みんながハッピーに！

●材料（材料 2〜3人分）
・豚バラ肉……200ｇ
・油揚げ……大きめなら1パック、小さめなら2パック
・芯取菜……1束

A ［ 水……150ml
  白だし……小さじ1 ］

・サラダ油……大さじ1

B ［ 酒……大さじ1½
  白だし……小さじ1
  濃縮麺つゆの素（2〜3倍希釈用）……大さじ1
  みりん……小さじ1
  顆粒鶏ガラスープ……小さじ½
  醤油……小さじ1 ］

・塩……適量
・卵……1個

●作り方
① Aをフライパンで沸騰させ、菜っ葉を茎の部分から入れてさっと湯通しし、ザルにあげて水気を切る。
② フライパンを軽く洗ってサラダ油を熱し、少し塩を振りながら細切りにした豚バラ肉を炒める。火が通ったら1cm幅に切った油揚げを加え、最後に2cm幅に切り湯通しした菜っ葉を入れて炒める。Bを加えてさらに炒め、味をみて塩で調味。※この時点では味は少し濃いめ。
③ 溶き卵を回し入れて火を通す。

＊今回は芯取菜を使いましたが、小松菜、かぶの葉、せりなどなど、少ししっかりめの茎の野菜を使うと美味しいです。野菜によって湯通しの時間を調整してください。大人には七味や辛いソースなどをトッピングしてもGOOD！

Rice

ガーリックライス

子ども達が大好きで、大人のお酒の〆にも人気。
ステーキの残りがあるときに作ることが多いですが、そうでない場合は我が家は冷凍の
挽き肉を使います。牛はもちろん、豚挽き肉や牛豚合挽き肉でも美味しいです。

●材料（しっかり2人分）
・ごはん……400g（約3膳分）
・バター……50g
・サラダ油……小さじ2
・ガーリックパウダー……小さじ¼
※にんにくのみじん切りの場合は小さじ¼〜½。
・牛挽き肉……50g
※牛豚合挽き肉や豚挽き肉でも美味。
・大葉……10枚　※好みにより調節。
・塩……適量
・顆粒コンソメ……小さじ½
・醤油……小さじ1
・目玉焼き……人数分

●作り方
①フライパンにサラダ油を熱し、弱火でガーリックパウダーをなじませる。にんにくのみじん切りの場合は焦げないように少し炒める。
②1に牛挽き肉を入れて火が通ったらバターを入れ、溶けたら顆粒コンソメを加えまんべんなくなじませる。ごはんを入れ、バターがごはん全体に染み込むように塩を振りながら炒める。
③全体がなじんだら醤油を回し入れて炒め、火を止めてから大葉のみじん切りを加えて混ぜる。
味が薄ければ塩で調味。
④皿に盛り付け、目玉焼きをのせる。

＊目玉焼きに塩を振らない場合はガーリックライスを少し濃いめに味つけ（塩の量で調整）、ガーリックライスの塩気を薄めにする場合は目玉焼きに塩・胡椒する。
2でバターを焦がさないことと、バターに味付けをしてからごはんを入れるのがポイント！

Side dish

コリアンダーつくね

片栗粉入りの我が家のつくねはもっちりとしているのがポイント！
焼いても煮ても美味しいので、いろいろアレンジを楽しんで食卓に並べてくださいね。

●材料（4〜6人分）
・鶏もも挽き肉……300ｇ
・コリアンダー（みじん切り）……カップ1/2
・片栗粉……大さじ３
・卵……1個
・酒……小さじ2
・白だし、ニョクマム……各小さじ1
・塩……適量 ※2つまみ程度。

●作り方
①すべての材料をボウルに入れ、粘り気が出るまで混ぜ合わせる。
②フライパンに軽く油（分量外）をひき、スプーンで落とした1の両面を焼く。焼く際、少し塩を振っても良い。

＊おつまみとして生七味、柚子胡椒、ハラペーニョなどをつけたり、片面にチーズをのせて焼くのもオススメ。鍋にしても美味しいので、だしで煮てお塩やポン酢でいただくことも。
コリアンダーの代わりにクレソンや大葉、肉も牛豚合挽き肉に変えるなどアレンジ自在！

Rice

納豆チャーハン

こちらも母がよく作ってくれた味を少し私流に変えたWako家の定番！
時間がないときやランチなどで活躍するメニューです。納豆が大好きな私の好物でもあります。

●材料（しっかり2人分）

A ┌ 卵……3個
　└ 白だし……小さじ2
・ごはん……400ｇ（約3膳分）
※我が家では白米と玄米ハーフアンドハーフにすることも。
・サラダ油……大さじ3
・顆粒コンソメ……小さじ½
・塩、胡椒……各適量
・納豆……1パック
・醬油……小さじ2
・大葉……10枚 ※好みにより調節。

●作り方

① Aをボウルでよく混ぜる。
② フライパンにサラダ油大さじ2を熱し、1をスクランブルエッグ状態に炒めてボウルに取り出す。
③ 空いたフライパンにサラダ油大さじ1を熱してごはんを入れ、顆粒コンソメ、塩（2つまみほど）を加えごはんとなじませるように炒める。
④ 納豆を入れて少し水気が飛ぶまで炒める。
⑤ 2を戻して炒める。
⑥ 醬油を回し入れて軽く炒めたら火を止め、大葉のみじん切りを混ぜ合わせる。最後に塩、胡椒で調味（最後のひと振りの塩が旨味に！）。

18:00

With Guest

_8_

ときにはゲストをお招きして

普段使いのテーブルウエアに
ちょっと"盛る"だけで食卓&料理が
一瞬でよそ行き顔に

我が家のおもてなしのテーブルは普段の食卓の延長線上にあります。と言うのも、
食器もランチョンマットもナプキンも普段使っているものと変わらないから。ゲスト
がテーブルセッティングを見たときに、「わっ♡」と驚き&喜びを感じてもら
らうためにしていることは、いつもより"盛る"。たとえばお皿にプレイスカー
ドを置いたり、ひとりひとりの席にキャンドルを飾ったり、ナプキンはナプキン
ホルダーやリボンで留めたり。とりわけ季節感は大切にしていて、個々のお皿の
上での演出も忘れません。春なら桜、夏ならハーブ、秋なら姫りんご、冬なら樅
の木の小さなひと枝をお皿に添えたりナプキンリングに挿すetc. ローズマリーや
ユーカリといったハーブは通年でよく使い、香りもいいので重宝します。

~~ Wako流 ~~
おもてなしの演出法（1）

|

食事をスタートする前に……
アペリティフコーナーで気分を盛り上げます♪

海外で見たスタイルをいいなと思ったのが取り入れたきっかけ。いきなり食事！
ではなく、ちょっと飲みながら、各々のペースでハムやオリーブをつまんだり、
クラッカーにチーズやパテをのせて楽しんでいただくひとときはゲスト同士の会
話のとっかかりにもなって意外と有効。場をあたためる時間はメインイベントを
一層盛り上げてくれます。

おもてなしの演出法（2）

―

お皿は重ねてセッティング。
使った順に上から取り替えればホストもラク

ゲストのお皿を都度取り替えるのはホストにとっては負担。それにホストがせわしなく動き回ってゲストに気を使わせるのもスマートとは言えませんよね。前菜、メイン、主食でお皿を替えることを前提に予め重ねておけば、使った順に上からお皿を下げるだけ。片付けも驚くほどスムーズです。

～Wako流～
おもてなしの演出法（3）
|
ピッチャーやケーキスタンドで
高低差にメリハリをつけると特別感がUP

ゲストとして座ったときのテーブルの風景を想像してみましょう。平らなお皿を並べただけだとテーブルがのっぺりし面白みに欠けますよね。ワクワク感を出すにはピッチャーやケーキスタンドを使って高低差をつけると効果的。メインディッシュが登場するまで卓上がぽっかり空いてしまう……そんなときも、飲み物や食べ物をわざわざのせずとも、これらに花やグリーンを活けたりキャンドルをのせるだけで華やかになり間が持ちます。

おもてなしの演出法（4）

|

料理だけだとのっぺりしがちな平皿には、
小さなボウルをのせて華やかに

　プレートonプレートは平皿に華やかなリズムを作るために私がよく使う手法。
また、「この料理にはこのディップをつけて召し上がってください」と、ゲスト
に食べ方が明確に伝わるのもいいところ。プレートonプレートは大皿に限らず
銘々皿にも使えて、醤油皿や小さなボウルはひとつのお皿にのせたほうがテーブ
ルやランチョンマットの上がスッキリします。味が混ざるのを防ぐという意味で
も有効です。

～ Wako流 ～
おもてなしの演出法（5）

|

ナイフ&フォークレストや調味料入れなど、
特別な小物を登場させてみる

洗い物が増えるのは決して気が進むことではないけれど（笑）、おもてなしの日くらいはちょっと特別感が欲しいもの。ナイフ&フォークレストやお皿と同ラインの調味料入れ、ゲストにお披露目したい思い入れのあるテーブルウエアetc. 我が家ではウォーターサーバーもゲストの目を引く人気者。大人数だからこそ登場するアイテムもパーティならではの盛り上げ役です。

～ Wako流 ～
おもてなしの演出法（6）

|

プレイスカードやネームタグを
活用してゲストの居心地のよさをUP!

ゲストに、「私はどこに座ればいいの？」と思わせるのはホストとして不甲斐ないこと。迎えられている喜びをゲストに感じてもらうには、居場所作りが大切だと思っています。そのために便利なのがお皿にのせるプレイスカードやグラスにつけるネームタグ。ゲストのためのカスタマイズは居心地よく過ごしていただくいちばんの秘訣です。セルフ調味が基本の我が家では、銘々SPセットを使っていただくのもちょっとした心遣いのひとつです。

~ Wako流 ~
おもてなしの演出法（7）

|

クリスマスやお正月も、
イベント感さえプラスすれば普段の器が活躍!

普段使いのテーブルウエアに"盛る"さらに延長線上にあるのが季節のイベントの食卓。クリスマスなら赤い花に実、樅の枝などのグリーンに松ぼっくり、お正月なら水引、雛祭りなら桃やチューリップなどピンクの花だけでまとめたり、七夕の日のおもてなしでは銘々皿に短冊を置き、願い事を書いてもらったこともありました（笑）。小さな風景だけど、目の前のセッティングに浸っていただく工夫を私自身も楽しんでいます。

84

～ Wako流 ～
おもてなしの演出法（8）

|

お客様がお見えになる5分前の儀式。
ルームスプレーを玄関にひと吹き

"ウェルカムスプレー" はおもてなしの際の大切な儀式。どの家にも家庭の匂い
があって、それは悪いことではないのですが、私はいい香りでゲストをお迎えし
たいと思っています。

愛用しているオリジナルのルームスプレーはベッドメーキングで使っているオリ
ジナルリネンスプレーと同じ香り。ゲストがドアを開けた瞬間にさり気なく香っ
て欲しいので5分前にひと吹き、そのままリビングの入り口まで数回スプレーし
香りの動線を作ります。

前日仕込める
&異国要素を取り入れた料理で
ゲストをちょっとサプライズ!

おもてなしの日は掃除や花を活けるなどやることがいっぱい！だから料理は前日準備・当日調理できるとプレッシャーレス。おもてなしだから何か新しい出会いになる一品をゲストに楽しんでもらいたい。我が家の定番の中からゲストに好評なレシピをご紹介します。

Side dish

メキシカンテーブル

さまざまなトッピングをトルティーヤやチップスと共に好きにセルフ調味で
楽しんでいただきます。オードヴルとして、そして次ページで紹介するメインディッシュ、
コリアンダーライムチキンのソースにもなります。

トマトサルサ

●材料（2〜3人分）
・トマト（大きめを賽の目切り）
　……2個
・玉ねぎ（みじん切り）
　……大さじ3
・ライム汁、コリアンダーのみじん切り
　……各大さじ2
・塩……適量

●作り方
材料をすべて混ぜ合わせる。

アボカドディップ

●材料（2〜3人分）
・アボカド（潰す）……1個
・玉ねぎ、コリアンダー
　（各みじん切り）……各大さじ2
・ライム汁……大さじ3
・塩……適量

●作り方
材料をすべて混ぜ合わせる。

サワークリームハラペーニョ

●材料（2〜3人分）
・サワークリーム……100ml
・ハラペーニョの酢漬け
　（瓶詰。みじん切り）……適量

●作り方
材料をすべて混ぜ合わせる。

リフライドビーンズ

●材料（2〜3人分）
・リフライドビーンズの缶詰……1/2缶

●作り方
リフライドビーンズの缶詰を鍋で温める。

Main dish

コリアンダーライムチキン

その都度、適当に作っていたので、今回レシピにするのにいちばん苦労しました（笑）。
こちらのチキン料理は、一緒に食べるトマトサルサやアボカドディップなどが
あってこその人気メニュー。一緒に味わってください。

●材料（2人分）

・鶏もも肉……300ｇ（1枚）

A
```
オリーブオイル……大さじ1½
ライム汁、酒……各大さじ1
塩……小さじ½
コリアンダー（みじん切り）……大さじ3
ガーリックパウダー……4cc
クミンパウダー……3cc
オレガノ、コリアンダーシードパウダー
……各2cc
パプリカパウダー……2〜4cc
チリパウダー、カイエンペッパー（辛くしたい場合）
……各適宜
```

●作り方

① Aを混ぜ合わせ、冷蔵庫で6時間以上（できればひと晩）、鶏もも肉を漬け込む。

② 最初は皮面を下にして耐熱容器に1を並べ、オーブンで両面を焼く。220℃で10分、裏返して10分焼いた後に200℃に下げてさらに10分焼く。※オーブンにより仕上がりが変わるので調整してください。

＊鶏もも肉を漬け込むスパイスは、ガーリックを多めにしたりチリパウダーをきかせたりと、ご自身でいろいろアレンジしてお気に入りの味を見つけてください。

塩の代わりに「マジカル スパイス ソルト ミックス」を使うとより手軽かつ美味しくなります！ ぜひ試してみてください。「マジカル スパイス ソルト ミックス」の購入はこちら。https://wakoinc.net/

Salad

パルメザンチーズブロッコリー

手早く作れるので、前菜やおつまみ、メインの肉料理と一緒にお出ししたりと
タイミングを選ばずいつでも活躍してくれる便利な一品。
我が家の長女のお気に入りで今回はエントリー（笑）。

●材料（4人分）
・ブロッコリー……1株
・ハム……3枚
A
┌ オリーブオイル、生クリーム……各大さじ3
│ 白だし……小さじ1
│ パルメザンチーズ……大さじ3〜4
└ 胡椒……適宜
・塩……適量

●作り方
① ブロッコリーは小房に分け、白だしと酒（※各分量外）を入れたお湯で茹でる。あまり柔らかくなりすぎないほうが美味。
② 1の水気をよく切り、粗みじん切りにする。
③ 2にA、1cm幅に切ったハムを加え混ぜ、塩で調味。

＊ハムの代わりに生ハムを入れても美味。

Side dish

カリフラワーのオーブン焼き

カリフラワーをちょっとだけ豪華なおつまみに。
実はカリフラワーしか冷蔵庫になかったときに生まれたメニュー（笑）。

●材料（4人分）
・カリフラワー……1株
・オリーブオイル……大さじ2
・鷹の爪（輪切り）、ガーリックパウダー……各少々
・塩……適量
A［ 生クリーム……大さじ3
　　パルメザンチーズ……大さじ1
B［ パン粉、パルメザンチーズ……各大さじ2

●作り方
① カリフラワーを2〜3cm角に切る。
② フライパンにオリーブオイルを熱し、鷹の爪、ガーリックパウダーを軽く炒めてから1を入れ、塩を振りながらまんべんなく油がなじむように炒める。
③ オーブン皿に移し、Aで和える。カリフラワーをまんべんなくならしたらBを上から振りかける。
④ 180〜200℃のオーブンで15〜20分こんがりと焼き色がつくまで焼く。

＊3まで前日に準備して冷蔵庫へ入れておくことも可能。
焼く時間、温度などはご家庭のオーブンによって調整してください。
塩の代わりにP89で紹介した「マジカル スパイス ソルト ミックス」を使っても美味。

Main dish

チキン&ポークストロガノフ

簡単にすぐできて凝った料理に見えるので、ゲストをお迎えする際のメイン料理や
ランチにもぴったり！我が家では多めに作って、翌日のお弁当にすることも。
パスタソース代わりにしてパルメザンチーズをたっぷり振っても美味しいです。

●材料（4〜6人分）

・鶏もも肉……300g
・豚バラ肉……200g
A ┌ 小麦粉……大さじ7
  │ 塩……小さじ1〜2
  └ 胡椒……適宜
・バター……50g
・サラダ油……大さじ2
・にんにく（みじん切り）……2片
・玉ねぎ（みじん切り）……1個
・しいたけ（薄切り）……6本
・マッシュルーム（薄切り）……7個
・しめじ（小房に分ける）……2パック
※きのこ類は何でもいいので好みで同量を用意してもOK。
・水……1カップ
・酒……50ml
・白だし……大さじ2
・醤油……大さじ2
・トマトケチャップ……小さじ1
B ┌ 生クリーム、サワークリーム……各100ml
・ごはん……適量

●作り方

①鶏もも肉は細切りに、豚バラ肉は太めの千切りにしたものをAと共にポリ袋に入れ、振ってまぶす。

②鍋にバターとサラダ油を熱し、にんにくと玉ねぎをしっとりするまで炒める。

③2の上に1をまんべんなく入れ、その上にきのこ類をすべてのせる。

④水、酒を入れて蓋をし、弱めの中火で全体に火を通す。肉に火が通りきのこ類がしんなりしたら、B以外の調味料を入れて混ぜる。

⑤最後にBを入れ少し煮たら完成（煮すぎないように注意！）。必要であれば最後に塩（分量外）で調味。ごはんと共に器に盛る。

＊酸味が好きな方はサワークリームの量を増やしても
OK。チーズやハラペーニョソースをトッピングしても美味。

Main dish

おくらとチキンのタイカレー

シアトル留学時代にタイ人のお宅でご馳走になって以来、大好きなタイカレー。
いろいろ作るうちにおくらとチキンが我が家の定番になりました。

●材料（4〜6人分）
・鶏もも肉……300g
・おくら……4パック（36〜40本）
・バジル……40g（なくてもOK）
・バター……30g
・サラダ油……大さじ1
・ココナッツミルク……1缶（400ml）
・塩……適量

A ┌ 酒……大さじ2
  │ 白だし……大さじ1
  └ 顆粒鶏ガラスープ……小さじ2

B ┌ ナンプラー……大さじ1
  │ ガーリックパウダー、クミンパウダー、ターメリック
  └ ……各小さじ1

●作り方
①鶏もも肉とおくらをすべて賽の目切りにする。
②鍋にバターとサラダ油を熱し、塩少々を振った鶏もも肉を火が通るまで炒める。
③2に1のおくらを加えて少し炒めたらココナッツミルクをすべて入れ、Aを加えて少し煮た後、Bを加えさらに軽く煮る。味が薄ければ塩で調味。
④ざく切りにしたバジルを入れて軽く混ぜる。

＊おくらの粘りでトロッとした仕上がりなので、ライスはもちろんのこと、ナンと食べるのも我が家ではお気に入りです。

21:00

Bath Time

_9_

至極のバスタイムの演出法

市販品からセルフ調合まで、
その日の体の声で選ぶ
バスソルト&オイルでリラックス♪

バスタイムは自分をリセットする大切な時間。ただ湯船に浸かるのではなく、贅沢なひとときにするべく心を砕いています。そのひとつが必ずバスソルトかオイルを入れること。服を脱いでバスルームに入ってから、「バスソルト、忘れてた！」と気づくことも多々あるので、手を伸ばせばすぐに取れるように入り口にバスソルトの棚を設けました。

種類が増えるに従い毎日入れるようになり、さらにその日の"体の声"を聞いて選ぶようになりました。汗をかきたい日はソルト、リフレッシュしたい日はペパーミントのオイル、のんびりできる日はリラックス効果のあるラベンダーのオイルetc.粗塩に使いかけのアロマオイルを混ぜてセルフ調合することもあります。手ごろだし実験感覚で楽しいですよ！

むくみを取りたいときは、サンタール・エ・ボーテ社のフレンチクラシックというシリーズのバスソルト。
中でも白を連想させるさっぱりとしたフローラル系のホワイトティーという香りがお気に入り。

**上質さはもちろん、
心を満たすのは
デザイン性の高いタオル**

タオルは肌触りだけでなく、視覚的にも満たされるデザイン性にこだわるべき！そのデザイン性の先にあるのは収納した様子の美しさです。お気に入りを見つけて同じもので統一すれば、タオルを洗濯して畳み、しまう時間まで楽しくなります。

**"カラスの行水"の私に
スローな時間をくれる
一杯のお茶**

お風呂に入っている間は仕事ができないので、バスタブに浸かる時間を稼ぐのは私には至難の業（笑）。でも一杯のお茶があればKindleで読書をしながら20〜30分浸かっていられます。ハーブティーもいいですが、ひとかけの生姜を入れた生姜白湯も発汗作用がありオススメ。

「主婦にとっては貴重な
ひとり時間だから思い切り充実させたい！」を
叶えるアイテム

入浴前にタオルにシュッ。湯上がりの体をいい香りで包みます

バスソルトやオイルのお陰で、湯上がりは香りに敏感になっています。そんな自分を迎えてあげるために、入浴前、タオルにサンタール・エ・ボーテ社のピローミストかオリジナルリネンウォーターをひと吹き。香りのレイヤードで贅沢なバスタイムを締め括ります。

15:00

Gifts & Letters

Column

ギフトや手紙は幸せ習慣

小さなお礼からバースデープレゼントまで。
「ギフトを贈る」は自分自身への心のギフト

ギフトを贈るのが好きな理由、それは自分自身が贈られると嬉しいから（笑）。
中身はもちろん大切ですが、それを見るまで――カードを読んで、リボンをほど
いて、ラッピングを外して箱を開けて――その一連のプロセスがくれるワクワク
感は何とも言えないし、自分が差し上げる側に立って用意しているとき、相手の
高揚感を想像するのも大好きなんです。
だからラッピングは大切！ つまらないものでもラッピングひとつで気持ちを込
められるし、見た目も全く変わります。私がヘビーユースしているのがこのスト
リングホルダー。麻紐とはさみがセットになっているので使い勝手がよく、ラッ
ピングのハードルが下がります。むしろ、これのせいでもっとラッピングしたく
なってしまうんです（笑）。

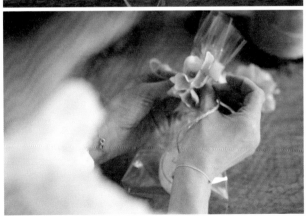

いつものお弁当のサンドウィッチに麻紐を結んだり、紙
袋に小さなギフトタグをつけるだけでも立派なラッピン
グ！（笑）だからこのストリングホルダーは我が家では
使わない日がないくらいのヘビロテアイテムです。

大きな封筒は
受け取る喜びも大きいはず！（笑）。
オリジナルカードセット、作りました

メールやSNSが主流の時代になっても、特別な日にカードを贈ったり、ひと言であっても気持ちを伝える温度のあるコミュニケーションを大切にしたいと思っています。

ギフトと言うからには存在感のある大きな封筒がよくて、オリジナルで作ってしまったのがこのThank You CardセットとBirthday Cardセット。カードの表裏にデザインを施したのが小さいけれど大きなこだわりです。同じカードを同じ相手に何度も贈ることにならないようにThank You Cardは3パターンをセットに。Birthday Cardには私が好きなメッセージ「May your birthday be filled with Love, Joy and Laughter」を添えました。このセットで"贈る幸せ"を習慣化してみてください♪

Thank You Cardセットはカード3柄×各4枚、封筒12枚、シール4柄1シート、ギフトタグ3柄×各4枚、リボン1巻き。Birthday Cardセットはカード5枚、封筒5枚、ギフトタグ5枚、シール5柄1シート、リボン1巻き。これがあれば"プロっぽく"贈れます（笑）。

プチお返し、少額のお金、お年玉etc.
小さなメッセージツールは
備えあれば憂いなし

大して書くことがあるわけじゃない、少額とはいえお金だから失礼なことはできない、だけど気持ちは伝えたい……。そんな"ちょうどいい何か"がなくて困るシーンの救世主が、オリジナルのThank You CardセットとBirthday Cardセットにも入れたギフトタグやミニカードセットやポチ袋。私は常にストックしていて、ポチ袋は手帳にも常備しています。

メッセージがプリントされたギフトタグは、セットのリボンや紐で結ぶだけでお店のラッピングのような雰囲気に。ポチ袋はお年玉に限らず、1年を通じてさまざまなシーンで使えるよう想定して作りました。プチカード的な役割も兼ねていて、ちょこちょこっとメッセージを書くスペースがデザインされているのも便利です。

Epilogue

Wako's Story
～ちょっと長めのエピローグ。

今の私があることに関わってくれた
すべての人に感謝を込めて

"ちょっと""ちょっと"と言いながら、
結構たくさんの"ちょっと"の積み重ねでWako's Worldが
出来上がったんだなと改めて実感。
その結果の顕れか、大変嬉しいことに、
「Wakoさんのライフスタイルに憧れます」と言っていただくことが
増えてきた今日このごろです。とはいえ、当然、生まれたときから
今のWako's Worldがあったわけではなく、
「そんなことがあったの?」「え? そんな髪型!?」という過去もあったりします(笑)。
今回、本の出版のきっかけをくださった編集の方から、
「Wakoさんの生き方は面白いから紹介したほうがいい」と言っていただき、
ならばと私の歴史を年表にし、
独り言コメント入りで書いてみたので、
ちょっと長いですがお時間があれば読んでみてください(笑)。

| 1979 | 6月8日、東京都港区白金台に生まれる |

家族曰く、「お喋りでうるさかった。ずっと喋ってた」という幼少期。自分では恥ずかしがり屋だったと思っているのですが……。

| 1985 | 公立小学校に入学 |

基本的に友達との遊びは禁止。お泊まり禁止！ お菓子禁止！ テレビ禁止！ おもちゃ禁止！ 男女交際禁止!?（笑）という厳しめの母の（謎もある）ルール下で、我慢をアイデアへと転換するワザを覚えた幼少期。おもちゃはないので、遊びは作る！ 大好きだったパン屋さんごっこは紙でパンを作ることから始めました。

| 1992 | 小学校卒業、私立中学に入学 |

何でもみんなと同じが嫌で、卒業式の日に紺色のズボンに紺色のニットで挑んだところ（当時は女子はスカートが当たり前）、大好きだった担任の先生にびっくりされたことが未だに記憶に残っています。
共学へ進みたかったけど、男女交際禁止のルールの影響もあり、素直に母に勧められた私立女子校へ。アメリカンスクールのようなオシャレな制服か私服の学校に憧れていた私にとって、普通の制服にテンションの上がらない日々。

| 1994 | 私立高校に進学 |

エスカレーター式に進学したものの、毎日のスクールライフを友人達のように楽しめていない自分を感じ始める。厳しすぎる母も健在でもちろん寄り道禁止、門限は5時（内緒で寄り道＆買い食いしてましたが！（笑））。

厳しめの母の意向でピアノを習う一方（全然真剣に練習せず怒られた記憶が）、優しい父が家のルールを破ってドーナツ屋さんにこっそり連れて行ってくれたことも。辛い記憶も多いものの幸せな幼少期。

| 1995 | 高校中退、通信制高校に編入、アルバイトを始める |

「自分のことは自分で決めて、自分で責任を取りたい！」→「働きたい！ 社会に出たい！」という思いが強くなり、フルタイムの高校生活を終わらせることを決意。パートタイムで通える通信制高校へ編入。通信制高校はほぼ通わなくていいので、空いた時間をアルバイトに充てる。最初に見つけたバイトはパン屋さんに併設するカフェ。早朝の仕込みがメインで、朝4時起きで玉ねぎやセロリを切っていた記憶は未だ鮮明。16歳がみじん切りなど上手なわけもなく、自宅の玉ねぎで影練習。

自分の居場所ではないという違和感を抱えていた中高時代。文化祭の模擬店や合唱会など、エンタメだけは率先してやっていました（笑）。

洋服も人と接することも好きだったので販売に携わり
たくて、『フロムエー』で探すものの年齢制限ですべ
てアウト（涙）。そんなときに見つけた「アメリカの
アパレルブランド、日本初の路面店オープニングス
タッフ募集」。何と「年齢不問」とあるじゃないですか！
人生で緊張した瞬間の上位5位内に入るのではないか
と思うくらい必死の面接の甲斐もあり（？）、合格！
この日から楽しいオシャレアパレルライフが始まる。
時代は安室ちゃん全盛期。私も厚底のブーツを履き、
眉毛も細かったような……。

1996　ラーメン屋台でアルバイト

成果が見えるアパレルの仕事にやりがいを感じる日々
の中、余裕が出てきたからか、不思議な出会いのせい
か、夕方から深夜まで目黒駅西口のラーメン屋台でも
働き始める。バイトを2つ掛け持ちし、睡眠時間数時
間で働けたのは若さゆえ？ このラーメン屋台、食べ
て美味しかったので、おじさんに「バイトさせて！」
とお願いしたところ、「バイトは必要ないから無理！」
とすげなく断られ……。「じゃあ、バイト代いらない
から手伝わせて」とお手伝いすることから始めた私の
日々の目標は「仕込んだ麺は毎晩完売！」。お客様が
来ない日は通行人を呼び込み、毎晩完売するようにな
るとお客様がチップをくれたりおじさんがバイト代を
くれたり。お金を使う暇がないので、貯金箱代わりの
空き缶にはお札が貯まっていく一方。バケツに張った
冷水で丼を洗うため、真冬は寒さに耐えきれずおじさ
んと2人、熱燗を飲んだことも（子どもに推奨できな
い歴史ですみません）。

1997　18歳で結婚

人生を自力でどんどん歩んでいく私でしたが、厳しめ
の母は健在。「早く家から出たい」という思いが日に
日に強くなり、バイト先で出会った男性との結婚を決
意。母は当然、反対。優しい父でさえ反対する中、決
めたら実行の精神の下、周囲を説得（!?）。ゼロから自
分達で家を探し、恵比寿の古いアパートに住み始める。
振り返ればここが私の初めての自分の家。大家さんに
交渉し、壁の色を白く塗り替えたり、キッチンのタイ
ルを張り替えたりと、お金に余裕がない中でも「ちょっ

母には必死に止められたけど本
気でカッコイイと思っていた本
物のブレイズヘア（日本在住の
アフリカ人に3日かけて編んで
もらいました）で臨んだ結婚式。
因みに新郎はドレッドヘア。

と楽しく」を実践。

kokoroの先駆けとなったa little kokoroを経営していたとき。小さなお店でしたが売れ行きは結構よかったです。

1998 上海でカフェ&アートショップを経営

父の事業立ち上げを手伝うために単身上海へ。2週間日本、2週間上海の生活。中国語が全く喋れない中、カフェ&アートのショップをオープン。従業員のトレーニングからメニュー作り、仕入れの交渉までこなす。後に祖父の店の片隅でオープンした子ども服のセレクトショップ「a little kokoro」の仕入れルートもこのとき開拓。

1999 長男誕生

20歳になるひと月前に長男が誕生！昔から子どもが大好きで、子育てが楽しい日々。同級生が青春を謳歌する一方で仕事と子育てと家事に追われる20代が始まる。

長男の子育てに邁進していた20歳のころ。もともと子どもは大好きで、子どものころから3人産む！と決めていました。

2001 離婚、シアトル留学

ひたすら悩んだ離婚。決意してから父に報告したら、「僕はWakoちゃんが離婚すると思ってたよ」「え……、思ってたなら止めてよ！」「止めてもやめないのがWakoちゃんじゃん！」。大きな親の愛を実感した出来事。

アメリカの高校に留学する妹に便乗して「お姉ちゃんも行く！」とシアトルへ留学。真面目に高校へ通う妹と小さな息子と始まった新生活は、英語がひと言も喋れなかったために苦労も多かったけど、借りた家からスーパーで売っているものまですべてにおいてアメリカのスタンダードのオシャレレベルが高く、楽しい毎日を送る。

妹の留学に便乗して訪れたシアトルで。花もキャンドルもワインも、ここでの暮らしが今のライフスタイルのベースに。

2002 大親友となるCynthiaと出会う

出会いは私が彼女の経営するセレクトショップの顧客になったこと。いくつかのアパレルブランドをアメリカ全土、海外でも展開する彼女が地元で運営するオンリーワンショップは、今あったとしても世界一素敵と言えるほど素敵！あるときCynthiaがNYで開催される大きなファッションウィークに私と妹を呼んでくれて、初めて見る大きな会場の中に並ぶ見たこともない可愛いアパレルブランドに衝撃を受ける。

もうすぐ出会ってから20年。親友であり、姉（家族）であり、私の人生に良い影響をたくさん与え続けてくれている大切な人。

「私も日本でショップをオープンしたい！」という気持ちを胸に、約1年半に及ぶシアトルでの生活を終了し、妹を残して息子と帰国。

2004　セレクトショップ、kokoroをオープン、長女を妊娠、再婚

帰国後、すぐに物件を探し始めたところ、何とプラチナ通りの真ん中に天井の高い30坪の物件を発見！　どうしてもここでやりたい！と資金調達で始まった23歳。銀行巡りを重ねてお金が用意でき、場所も貸してもらえることになり（大家さんにどんな素敵なショップにしたいかプレゼン）、妹へ電話。「ショップをオープンすることになったから帰ってきて！」。（お店の名前となったkokoroは私の妹の名前。kokoro＝英語ではハートという意味もよかった！）。

洋服やラウンジウエアを中心に休日やお家時間、休暇でも活躍するアイテムばかりを集め、ありがたいことにオープンと共に売るものが底をつくほどの売れ行きを記録。コンセプトはもちろん、「毎日をちょっと楽しく・ちょっと幸せに」。今でこそ注目を集めているお家時間ですが、私は随分前から同じことをずっと提案していたのですね（笑）。

ショップオープン直後の夏、長女を身籠ったことが発覚。再婚し、生活拠点を名古屋へ移して東京と名古屋の往復生活が始まる。

2005　長女出産

2007　次女出産

名古屋時代はリモートワークで家族中心の生活。この期間にお家時間をちょっと楽しむワザをたくさん生み出した気がします。

2009　中国成都に移住

オリジナルのイニシャルシリーズを中国で生産開始。

2011　帰国、離婚

離婚と同時に東京での生活、仕事もフルタイム以上に再開！

'04年、kokoroオープン。この店名、実は妹の名前。親友のCynthiaに店名を相談したところ「kokoroでいいじゃない！」（笑）。

名古屋時代の1枚。kokoroオープンからの妊娠発覚→名古屋移住で妹と母にはどれだけ応援と協力をしてもらったか！　ありがとう！

'08年、kokoroは4周年を迎え、私は29歳。プラチナ通り沿いという好立地のお陰もあり、多くのファンにお越しいただきました。

2012	オリジナルアパレルブランド作りに着手

オリジナルのアパレルブランドを本格的に作り始め、規模拡大に伴い事務所移転。またライフスタイルを見つめ直し、Weekendハウスプロジェクトをスタート。

移転後の私のオフィス。このころから買い付け商品だけでなく、オリジナル商品にも着手。試行錯誤を繰り返しました。

2013	白金台にカフェ&ショップオープン

2014	現在の家に引っ越し

実家を2世帯に建て直す。18歳で家を出てから17年の時を経て初めてゼロから建てた家。当時は忙し過ぎて内装は手つかずのまま寄せ集めの家具で生活。

現在のお店がある場所にオープンしたWeekend by kokoroは、"週末"をテーマに商品をラインナップしカフェも併設。

2015	すべての事業の無期限クローズを決意

子ども達との時間やお家時間を楽しく過ごすために働いていたはずが、いつの間にか仕事に追われていたことに気づき、"家の人"に原点回帰。新築の家の巣作りに専念。「旅するように暮らし、暮らすように旅する」ことを意識し始めたのはこのころ。

オリジナルブランドを立ち上げ、アメリカのラスベガスで開催されたショーにも出展！

2017	仕事を少しずつ再開

コーディネート提案やお家時間の楽しみ方をオンラインで見て買える、光文社公式通販サイト kokode.jp でライフスタイルセレクトショップ「Wako's Room」をスタート。

2020	アトリエ型セレクトショップ、La Maion Blanche をオープン

週末のみオープンの小さなアトリエ型ショップを白金台にひっそりとオープン。ここは私の家の延長。大好きなものを集めて花を飾り……。「私の家に遊びに来てください！」と声高には言えないので、ぜひこのアトリエに遊びに来ていただけたら嬉しいです。

DATA
La Maion Blanche
港区白金台5-13-26 1F
https://www.instagram.com/la.maison.blanche.shirokanedai/

お家時間がちょっと楽しくなるアイテムを集めた私のアトリエショップには毎週、新商品も入荷します♪

終わりの見えないコロナ禍により人々の生活が一変。
いつ海外へ行けるかもわからない今、もう一度、家を見直して、
家族や大事な友人と共に"ちょっと"の工夫で素敵な毎日が
送れたらいいなと思っています。そんな折、著書の出版のお話をいただき、
皆様に私の日々の小さなアイデアを共有する機会を
いただけたことに感謝です。そして、皆様がこの本を見て、日々の生活が
ちょっとでも豊かに、ちょっとでも楽しくなったら嬉しいです。
サスティナブルという言葉は、流行りっぽくてあまり好きではないのですが、
ただお金を使うばかりでなく、冷蔵庫の残り物で新しい料理を生み出すように、
ちょっとのひと手間で生活はぐっと豊かで楽しいものになることを
私は身をもって実感しています。
生きていれば辛いことや面倒臭いこと、嫌なこともたくさんありますが、
そういうことはなくならないので(笑)、どうせやるなら楽しんでしまったほうが
いい。まずは自分を楽しませることから始めてみてください。
毎日のちょっとの積み重ねで私の人生が驚くほど楽しく、
豊かに、ラクになったように、皆様の人生もそうなることと確信しています。
家から出たかった10代、1カ所に長く落ち着いていなかった20代、
修行のように働きまくり、周りに助けてもらいながらもひとりで子育てをした
30代を経て、家に籠もることに喜びを感じ、丁寧な暮らしを楽しめるように
なった40代がスタートしたばかり。子ども達にあまり手がかからなくなった今、
20代で逃してしまった青春を、違った形にはなるけど
思いっきり楽しみたいと思っています(笑)。

Enjoy the little things every day!

Nako

≡ *Catalogue* ≡

～「毎日をちょっと楽しく・ちょっと幸せに」するアイテムは、光文社通販サイトkokode.jp内「Wako's Room」で買えます!～

本書に登場したWakoさんの愛用品の一部は、光文社通販サイトkokode.jp内「Wako's Room」でご購入いただけます。こちらのQRコードからアクセスしてください。「Wako's Room」では、インテリア関連グッズのほかにもラウンジウエアやワンピースといったファッションアイテムなど、本の中ではご紹介できなかった商品も多数取り揃えています。ぜひ、以下のサイトを覗いてみてください。

光文社通販サイトkokode.jp内「Wako's Room」
https://kokode.jp/products/list.php?category_id=4004135

	【 掲載ページ 】	【 商品名 】		【 価格（税込）】
1	P9	オリジナル COMFORT FRESH 【リネンスプレー】		¥1,980
2	P10-11,78	カフェトレイS		¥1,540
3	P10	IMPRESSIONS ボウル （ホワイト）		¥1,760
4	P10	LUZIA　ボウル （ホワイト）		¥2,200
5	P10	LUZIA　マグ （ホワイト）		¥1,980

1

Morning Routine & Breakfast 朝の儀式と朝食

⑥	P10-11,38	カフェトレイL		¥2,024
⑦	P14	CAST ガラスキャニスターL 深型		¥1,650
⑧	P14	CAST ガラスキャニスターM 浅型		¥880
⑨	P14	BOTTLIT カラフェ		¥2,200
⑩	P15-16	ココポット ラウンド		¥2,200
⑪	P22	スパイスボックス 3個セット （スプーン& ラベルシール付）		¥1,760
⑫	P32	クリーニング バスケット		¥2,750
⑬	P32	フェールシュヴァル フロアークリーナー		¥2,200
⑭	P32	フェールシュヴァル マルチクリーナー		¥1,848
⑮	P32	フェールシュヴァル ブラックソープ ペーストタイプ		¥1,980

16	P32	フェールシュヴァル ライムスケールリムーバー		¥1,980
17	P32,40	フェールシュヴァル ディッシュソープ		¥990
18	P37-39,75-76	リムリング・キャンドルベース 6個セット		¥5,148
19	P38,76	PEARL ディナープレート		¥2,530
20	P38	PEARL ボウル　M		¥1,650
21	P38,79	PEARL フッテッドプレート		¥7,480
22	P38	PEARL ブレッドプレート		¥1,320
23	P38	PEARL マグカップA		¥1,870
24	P21,37-38,73	シャビー キャンドルホルダー		¥1,496
25	P38	IMPRESSIONS ティーカップ ＆ソーサー		¥2,860

26	P38	IMPRESSIONS ティーポット S		¥5,280
27	P38	IMPRESSIONS ブレッドプレート		¥1,320
28	P38	IMPRESSIONS ディナープレート （ホワイト）		¥2,640
29	P38	BRISA ピッチャー		¥6,600
30	P38	BRISA オーバルベース M		¥6,050
31	P38	BRISA オーバルベース S		¥4,950
32	P39	IMPRESSIONS スープ &パスタプレート		¥2,310
33	P39	LUZIA プラター		¥6,600
34	P39	LUZIA ディナープレート （グレー）		¥3,080
35	P41	ルミナラアウトドア ピラー 3.75×5		¥6,600

36	P41	ルミナラアウトドア ピラー 3.75×7		¥7,150
37	P43	Calmere レザーPCケース （13インチ対応）		¥29,700
38	P43	Calmere レザーペンケース		¥9,900
39	P43	Calmere レザー名刺ケース		¥19,800
40	P43-44	Calmere スマホケース （フラットタイプ）		¥13,200
41	P43,45	Calmere イニシャル入り手帳カバー （A5サイズ対応）		¥17,600
42	P45	オリジナル ビーガン レザー トラベルポーチ S		¥3,960
43	P46	幸福茶園 ハーブティー		¥250

44	P51	ウィッカーバスケット セット2		¥4,950
45	P52-53	ウィッカーバスケット		¥3,080

7 *Dinner* 家族が好きな晩ごはん

8 *With Guest* ときにはゲストをお招きして

No.	ページ	品名	画像	価格
46	P54	編みかご		¥2,530
47	P60	アマリア ライトボディ ホワイトワイングラス		¥11,880
48	P60	グラハム ゴブレット		¥13,420
49	P60	アマリア ステムレス レッドワイングラス		¥9,130
50	P60	グラハム ステムレス レッドワイングラス		¥10,230
51	P74,76	Wakoオリジナル メニューマット （25枚入り）		¥3,300
52	P75	ブラウンバスケット アレンジS		¥1,980
53	P75	カッティングボードA		¥5,500
54	P38,76	PEARL ディナープレート		¥2,530

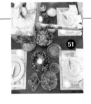

55	P76	LUZIA ディナープレート （ホワイト）		¥3,080
56	P77	BRISA オーバルプレート L		¥8,250
57	P77	クリスタル ディナープレート		¥3,080
58	P38,79	PEARL フッテッドプレート		¥7,480
59	P79	LUZIA ピッチャー		¥6,600
60	P80	IMPRESSIONS ディナープレート （ターコイズ）		¥2,640
61	P82	Beverage server Eerin S		¥4,378
62	P82	IMPRESSIONS オリーブオイルボトル		¥3,960
63	P82	IMPRESSIONS ソルト&ペパー		¥4,290

| 64 | P85 | オリジナル
WELCOME FRESH
【ルームスプレー】 | ¥3,300 |

9 *Bath Time* 至極のバスタイムの演出法

65	P99	フランジュール BONBON バスタオル （サンフォーキンコットン）	¥5,500
66	P100	サンタール・エ・ボーテ フレンチクラシック ホワイトティー バスソルト	¥1,980
67	P102	フランジュール デコールバスタオル	¥4,180
68	P103	サンタール・エ・ボーテ フレンチクラシック ホワイトティー ピローミスト	¥1,320

Column *Gifts & Letters* ギフトや手紙は幸せ習慣

69	P107-108,111	Wakoオリジナル Thank Youカード （3柄4枚 12セット）	¥3,960
70	P108	Wakoオリジナル Birthdayカード （5枚セット）	¥2,200
71	P110	Wakoオリジナル ポチ袋 （4柄/4枚セット）	¥594

Wako
（わこ）

1979年生まれ 3児の母。ライフスタイルプロデューサー。
インテリア、食、季節のイベント、休日の過ごし方、ファッション、旅まで、生活全般に
わたって「毎日をちょっと楽しく・ちょっと幸せに」するアイデアを提唱し続ける。
2015年に白金台のセレクトショップをクローズ、
自らのスタイルの原点でありアイデアの源となる家を主軸にした働き方にシフト。
プロデュース、コーディネートやコンサルティングなどを通して
よりニーズやウォンツに寄り添ったサービスを提供。

HP：https://wakoinc.jp/　インスタグラム：@wako_world

わ こ ズ ルーム
Wako's Room
Enjoy the little things every day!

2021年4月30日　初版第1刷発行

デザイン	Jupe design
撮影	平井敬治、川上輝明〈bean〉、金子美由紀、千葉圭子〈共にナカサアンドパートナーズ〉、 中田陽子〈MAETTICO〉、草間智博〈TENT〉、五十嵐 洋
ヘア・メーク	八角 恭〈nude.〉
著者	Wako
発行者	田邉浩司
発行所	株式会社　光文社
	〒112-8011　東京都文京区音羽1-16-6
電話	編集部　　　03-5395-8172
	書籍販売部　03-5395-8116
	業務部　　　03-5395-8125
メール	non@kobunsha.com

落丁本・乱丁本は業務部へご連絡くださいれば、お取り替えいたします。

組版	大日本印刷
印刷所	大日本印刷
製本所	ナショナル製本